BANANE BLU

W0184804

CACCIA AL TESORO

A MAMMA

Rachel Pank

CACCIA AL TESORO

MONDADORI

ragazzi.mondadori.com

Pubblicato per accordo con Heinemann and Mammoth,
imprints of Reed International Books Ltd, London e Auckland,
Melbourne, Singapore and Toronto
Titolo dell'opera originale *Delilah digs for Treasure*
Traduzione di Alessandra Orsi
Prima edizione maggio 1997
Terza ristampa gennaio 2001
Stampato presso le Artes Graficas Toledo S.A., Toledo (Spagna)
Gruppo Mondadori
ISBN 88-04-42839-2
D.L.TO:34-2001

È IL COMPLEANNO DI DELIA.

«TI PORTO A FAR COMPERE» DICE LA NONNA.

«COSÍ SCEGLI IL TUO REGALO.»

TI PIACE QUESTO, CARA?
CHIUSO

NEL NEGOZIO CI SONO MOLTISSIMI GIOCATTOLI. LA NONNA TROVA UN TUTÚ ROSA DA BALLERINA. «GUARDA: CI SONO ANCHE LE SCARPETTE DELLO STESSO COLORE.»

«MA IO ODIO LA DANZA» DICE DELIA DELUSA.

DELIA SA GIÀ QUELLO CHE DESIDERA.

«TI PREGO, VORREI UNA PALA E UN COSTUME DA PIRATA» DICE ALLA NONNA.

SEI PROPRIO SICURA?
CHIUSO
SICURISSIMA!

LA NONNA L’ACCONTENTA.

DOPO TUTTO, È IL SUO COMPLEANNO.

«SEMBRI UN VERO PIRATA» DICE LA MAMMA.

IL SUO FRATELLINO TOM È ENTUSIASTA DEL CAPPELLO DA PIRATA E PROVA A MANGIARSELO.

«I CAPPELLI NON SONO BUONI»

GLI DICE LA NONNA.

LA MATTINA SEGUENTE, DOPO COLAZIONE, DELIA PRENDE LA PALA PER ANDARE A CERCARE UN TESORO.

«IO CAVO, IO CAVO...» DICE TOM DAL SEGGIOLONE.

«QUANDO SARAI GRANDE, POTRAI FARE IL PIRATA» DICE DELIA. POI GLI IMPRESTA IL CAPPELLO.

DELIA VA IN GIARDINO

E INIZIA A SCAVARE.

E SCAVA...

SCAVA...

TROVA SOLTANTO GLI OSSI SEPPELLITI DAI CANI.

ALCUNI GRANDI E ALTRI PICCOLI.

DOPO UN PO' ARRIVANO I CANI.

ALCUNI GRANDI

E ALTRI PICCOLI.

«EHI!» LE DICONO «ABBIAMO NASCOSTO NOI QUEGLI OSSI! È IL NOSTRO TESORO.»

«OH DAVVERO? NON LO SAPEVO!» SI SCUSA DELIA.

ALLORA INCOMINCIA A SCAVARE

DA UN'ALTRA PARTE.

QUESTA VOLTA TROVA UN MUCCHIETTO

DI GHIANDE.

«SONO MIE!» PROTESTA ARRABBIATO
UNO SCOIATTOLO. «LE HO NASCOSTE
PER L'INVERNO!»
«SCUSAMI, NON LO SAPEVO. LE RIMETTO
SUBITO A POSTO» LO RASSICURA DELIA.

DELIA VA IN UN POSTO PIÚ
TRANQUILLO, SOTTO
UN ALBERO ENORME. DOPO
UN PO' CHE SCAVA, LA PALA
URTA QUALCOSA DI DURO.
«UN TESORO!»
GRIDA ECCITATA.

«LE MIE POVERE RADICI!»
PIAGNUCOLA L'ALBERO.
«SCUSAMI, ALBERO»
DICE DELIA E SI AFFRETTA
A RIMETTERE LA TERRA
AL SUO POSTO.

È ORA DI PRANZO E DELIA RITORNA A CASA. A FORZA DI SCAVARE, HA UNA FAME DA LUPI E MANGIA DUE PORZIONI DI TUTTO. QUANDO HA FINITO, È PRONTA PER RIPRENDERE LA SUA RICERCA.

DELIA STA PER USCIRE, QUANDO SI ACCORGE CHE NON C'È PIÚ LA PALA.

ANCHE LA MAMMA L'AIUTA

A CERCARLA.

GUARDA SULLE SEDIE E SOTTO

IL DIVANO. DELIA SVUOTA ANCHE

LA CESTA DEI GIOCATTOLI.

FINALMENTE LA TROVA: ERA STATO TOM
A NASCONDERLA IN CUCINA!
IL FRATELLINO BATTE LE MANI CONTENTO.
SI È DIVERTITO UN SACCO!

DELIA NO...

SI INFILA GLI STIVALI ED ESCE
IN GIARDINO CON LA PALA
SOTTO IL BRACCIO.

DOPO UN PO' INIZIA A SCAVARE
E QUESTA VOLTA RIEMPIE
UN BEL SACCO CON IL TESORO
CHE HA TROVATO.

«DELIA!»
URLA LA MAMMA.
«COSA FAI
CON I MIEI BULBI?»
DELIA HA
COMBINATO UN
ALTRO PASTICCIO!

AIUTA LA MAMMA A PIANTARE DI NUOVO

I BULBI DEI FIORI. POVERA DELIA!

SA SCAVARE MOLTO BENE, MA TUTTI I TESORI

CHE TROVA APPARTENGONO GIÀ

A QUALCUN ALTRO...

DELIA NON SI SCORAGGIA E TROVA
UNO SPIAZZO VUOTO. SI GUARDA INTORNO.

NON CI SONO
ALBERI, NÉ RADICI,
NÉ FIORI.
NON SI VEDONO
CANI,
NÉ SCOIATTOLI.

INCOMINCIA A SCAVARE,
MA SENTE UN RUMORE
CONOSCIUTO.
È PENNY, IL SUO GATTO.
ACCIDENTI: ORA SI RICORDA
CHE QUELLO È IL POSTO
PREFERITO DI PENNY PER... BE',
IMMAGINATE PER COSA!

«UFFA E ARCIUFFA!» SI LAMENTA DELIA. LAVA LA SUA PALA CON LA POMPA DEL GIARDINO. POI ENTRA IN CASA E VA A LAVARSI LE MANI.

VA IN CAMERA SUA E SI SIEDE SUL LETTO.

«HAI TROVATO QUALCHE TESORO?»

LE CHIEDE LA NONNA.

«OGGI NO, NONNINA» RISPONDE DELIA TRISTE.

LA NONNA LA PRENDE IN BRACCIO

PER CONSOLARLA.

IL GIORNO DOPO, DELIA CERCA CON CURA
UN POSTO MIGLIORE PER SCAVARE.

C'È UN MUCCHIETTO DI TERRA VICINO
ALLA CASSETTA DI SABBIA DI TOM.
DELIA SCAVA CON FOGA
E VA IN PROFONDITÀ.
POI VEDE QUALCOSA
CHE BRILLA... UN TESORO?

«BEN FATTO» LE DICE IL PAPÀ. «È IL CAMION
DEI POMPIERI DI TOM. PENSAVAMO
CHE L'AVESSE PERSO.»

PAPÀ PROPONE DI ANDARE AL MARE.

«UN SACCO DI GENTE PERDE LA PROPRIA ROBA NELLA SABBIA. FORSE LÍ TROVERAI UN TESORO NASCOSTO.»

IO SONO IL PIRATA BARBANERA...

È FACILE SCAVARE NELLA SABBIA.

DELIA SCAVA… E SCAVA

FINCHÉ IL BUCO DIVENTA ENORME.

DOPO TUTTA QUELLA FATICA, TROVA SOLTANTO

TRE CONCHIGLIE, DUE SASSOLINI

E UN PICCOLO GRANCHIO.

POI ARRIVA TOM E PRENDE
IN PRESTITO LE CONCHIGLIE
E I SASSOLINI PER ADORNARE
IL SUO CASTELLO DI SABBIA.
IL GRANCHIO, INTANTO, SE NE VA.

DELIA È SEMPRE PIÚ TRISTE.

LA NONNA CERCA DI CONSOLARLA.

«POTREMMO ANDARE AL MUSEO

A VEDERE QUALCHE BEL TESORO!»

«BUONA IDEA.»

«CI SARANNO I TESORI DEI VERI PIRATI?»

«CREDO DI SÍ» RISPONDE LA NONNA.

AL MUSEO VEDONO UN SACCO DI COSE RIMASTE SEPOLTE PER SECOLI PRIMA CHE QUALCUNO LE TROVASSE DOPO MOLTI SCAVI.

«QUESTE TAZZE ROTTE NON SEMBRANO
UN VERO TESORO» PROTESTA DELIA.
«ASPETTA E VEDRAI»
DICE LA NONNA, E PORTA
DELIA IN UN'ALTRA SALA.

«NONNA, GUARDA!»

IN UNA BACHECA CI SONO MOLTE MONETE D'ORO, UNA BELLISSIMA COLLANA E UN PAIO DI ORECCHINI CHE UN TEMPO APPARTENEVANO A UNA PRINCIPESSA.

TORNANDO A CASA, LA NONNA
LE FA UNA PROPOSTA:
«TI PIACEREBBE SCAVARE
NEL MIO GIARDINO?»
GLI OCCHI DI DELIA BRILLANO
DI ENTUSIASMO.
«PER TROVARE UN TESORO?»
LE CHIEDE.
LA NONNA SORRIDE.

DELIA NON VEDE L'ORA DI COMINCIARE.
È UNA BELLA GIORNATA E DELIA SENTE
CHE QUELLO È IL POSTO GIUSTO.

LA PALA URTA SUBITO QUALCOSA.
SARÀ IL TESORO DELLA NONNA?
CHISSÀ COS'È...

PATATE! DECINE DI BELLE E GROSSE
PATATE. DELIA NE RIEMPIE
UN SACCO INTERO. È COSÍ PIENO
CHE NON RIESCE NEMMENO
A SOLLEVARLO.
LA NONNA CORRE AD AIUTARLA.
«OTTIMO LAVORO, DELIA!»
DELIA È FELICE.
FINALMENTE
HA UN VERO TESORO.